CHINESISCHES HOROSKOP

HAHN

KWOK MAN-HO

arsEdition

Ein Dorling-Kindersley-Buch

Senior Editor Sharon Lucas
Art Editor Camilla Fox
Managing Editor Krystyna Mayer
Managing Art Editor Derek Coombes
DTP Designer Doug Miller
Production Controller Antony Heller

Illustrationen: Danuta Mayer 4, 8, 11, 17, 27, 29, 31, 33, 35; Giuliano Fornari 21; Jane Thomson; Sarah Ponder.

Fotografien: Steve Gorton, Eric Crichton, Mike Dunning, Jo Foord, Philip Gatward, Liz McAulay, Stephen Oliver, Tim Ridley, Karl Shone, Clive Streeter. Unser Dank gilt: The Bristol City Museum & Art Gallery/ Oriental Section, The British Museum, Chinese Post Office, Percival David Foundation of Chinese Art, The Powell-Cotton-Museum.

Bildnachweise: Bridgeman Art Library/Oriental Museum, Durham University 19 u.l.; Bruce Coleman/Gerald Cubitt 20 u.l.

Ins Deutsche übertragen von Gisela Schilling
Printed and bound in Hong Kong

ISBN 3-7607-1167-7

Inhalt

Die chinesische Astrologie

Seit Jahrtausenden bedienen sich die Chinesen der Astrologie und der Religion, um zwischen Mensch und Natur ein harmonisches Verhältnis herzustellen.

Der Ursprung der zwölf Tierkreiszeichen der chinesischen Astrologie – Ratte, Büffel, Tiger, Hase, Drache, Schlange, Pferd, Ziege, Affe, Hahn, Hund und Schwein – wird wohl für immer ein Rätsel bleiben. Dennoch haben diese Symbole eine tiefe Bedeutung. Sie stehen nicht nur für allgemeine Tendenzen eines Jahres und gute oder schlechte Zeiten, sondern gelten auch als Spiegelbilder des Universums.

Symbol von Yin und Yang
Weiß steht für die weibliche Kraft des Yin und Schwarz für die männliche des Yang.

Yin und Yang

All unsere Charakterzüge und Stimmungen, unser Gesundheitszustand und unser Schicksal sind Ausdruck übergeordneter Prozesse im Universum. Die Chinesen glauben, daß alle Lebewesen und Dinge im Universum durch die dynamischen kosmischen Kräfte von Yin und Yang im Gleichgewicht gehalten werden. Yin steht für das weibliche Prinzip, für Wasser, Kühle, Mond und Regen. Yang ist das maskuline Prinzip, das Feste, die Wärme, Sonne und Erde. Nach altem Glauben entstanden aus den konzentrierten Kräften von Yin und Yang die vier Jahreszeiten und aus ihrer Aufspaltung die Vielzahl von Geschöpfen auf Erden.

So werden auch die zwölf chinesischen Tierkreiszeichen entweder mit Yin oder mit Yang verbunden. Im Winter steigt der Einfluß von Yin, während sich mit dem herannahenden Frühling wieder die Kräfte des Yang durchsetzen. Auch der Lauf eines Tages wird vom ständigen Wechsel und vom

Zusammenspiel der beiden Pole beherrscht. Aber natürlich sind auch wir ihrem Einfluß unterworfen.

In jedem Menschen wirkt ein individuelles Kräfteverhältnis von Yin und Yang, das unsere Stimmungen, Pläne und Gesundheit bestimmt. Darüber hinaus reagieren wir auf äußere Einflüsse wie Wetter, Umgebung und Mitmenschen.

Die fünf Elemente

Alles, was wir berühren, sehen oder schmecken können, gehört zu einem der fünf Grundelemente – Holz, Feuer, Erde, Gold und Wasser.

Das Element Gold zum Beispiel wird dem Affen und dem Hahn zugeordnet. Es repräsentiert die Farbe Weiß, bitter schmeckende Speisen, den Herbst und das Gefühl von Trauer. Das Wirken der verschiedenen Elemente beeinflußt unser Schicksal.

Entdecken Sie Ihr Selbst

Die chinesische Astrologie kann Ihnen helfen, ein gesundes Gleichgewicht zwischen Ihrem Yin und Yang herzustellen. Sie zeigt Ihnen, welches Element Ihnen entspricht und welche Farbe, Geschmacksrichtung und welches Temperament und Körperteil Ihrem Zeichen zugeordnet sind. Aufgrund Ihrer Geburtsdaten – Jahr, Tag, Stunde – können Sie in Ihre Zukunft schauen.

Sie können herausfinden, welchen Leuten Sie sympathisch sind und welcher Beruf zu Ihrer Persönlichkeit paßt. Sie können Ihre Gefühlsschwankungen begreifen, ebenso Ihre Reaktionen auf neue Menschen und Umgebungen. Kurz gesagt: Sie erkennen, was Sie einzigartig macht.

Wahrsagestäbchen

Sehr beliebt ist in China auch die alte Wahrsagetechnik mit Stäbchen. Deren Deutung kann man in einem Orakelbuch nachlesen.

Ihr Horoskop

Im Gegensatz zum Kalender der westlichen Welt, der sich am Lauf der Sonne orientiert, richtet sich der chinesische Kalender nach dem Lauf des Mondes.

Zur Berechnung Ihres chinesischen Horoskops überprüfen Sie mit der Tabelle auf Seite 44 und 45 zunächst Ihr Geburtsjahr – vor allem, wenn Ihr Geburtstag in die ersten Monate des Jahres fällt. Das chinesische Jahr beginnt in der Regel erst im Januar oder Februar, und womöglich gehören Sie deshalb zum Vorjahr. Nicht jeder, der 1961 geboren ist, steht auch unter dem Einfluß des Büffels. Vielmehr gehören alle, die vor dem 15. Februar Geburtstag haben, zum Vorjahr, zum Jahr der Ratte.

Der Kreislauf von 60 Jahren

Die Chinesen messen die Zeit in Zyklen von 60 Jahren. Innerhalb dieser Spanne erscheinen fünfmal die zwölf chinesischen Tierkreiszeichen, allerdings jedesmal in leicht abgewandelter Form. Wenn Sie beispielsweise 1969 geboren sind, sind Sie ein Hahn, der den Morgen ankündigt; ist Ihr Geburtsjahr 1981, sind Sie ein Hahn im Käfig.

Monat, Tag und Stunde

Die zwölf Monate des chinesischen Kalenders lassen sich nicht mit den zwölf Monaten des westlichen Kalenders gleichsetzen, denn sie richten sich nach dem Lauf des Mondes und nicht nach dem der Sonne. In China hat ein Monat gewöhnlich 29 bis 30 Tage, und alle drei Jahre wird ein zusätzlicher Monat hinzugefügt, um mit der westlichen Kalenderrechnung Schritt zu halten. Eine chinesische Stunde entspricht zwei westlichen, und die zwölf chinesischen Stunden werden den zwölf Tierkreiszeichen zugeordnet.

Jahr, Monat und Stunde Ihrer Geburt sind die entscheidenden Faktoren in der chinesischen Astrologie. Sobald Sie sie berechnet haben, können Sie sich Ihr persönliches Horoskop erstellen.

- Wasser
- Erde
- Gold
- Holz
- Yin
- Feuer
- Yang

Der chinesische Tierkreis

Um die Mitte, das Symbol von Yin und Yang, sind die chinesischen Schriftzeichen für die zwölf Tiere angeordnet. Der Farbstreifen symbolisiert deren Element, und der Außenring zeigt, ob sie Yin oder Yang angehören.

HAHN
Mythen und Legenden

EINER CHINESISCHEN LEGENDE ZUFOLGE WOLLTE DER JADEKAISER, DER HERRSCHER DES HIMMELS, DIE ZWÖLF INTERESSANTESTEN TIERE DER ERDE SEHEN. DER HAHN ERHIELT DEN ZEHNTEN RANG.

In China glaubt man, daß der Hahn Übel abwenden kann. Das Bild eines roten Hahns am Haus soll vor Feuer schützen. Ein weißer Hahn auf einem Sarg hält unheilvolle Dämonen in Schach. Der Hahn ist ein Symbol für Mut und Manneskraft. Er wird in China nicht gegessen, sondern in traditionellen Hahnenkämpfen eingesetzt, die heute noch veranstaltet werden, obwohl sie streng verboten sind. Ein krähender Hahn versinnbildlicht eine große Leistung, und der Hahn als Geschenk impliziert den Wunsch, daß der Empfänger mit einem hohen Amt belohnt werden möge.

Teller mit Hahnenmotiv
Dieser alte chinesische Porzellanteller zeigt einen Hahn, einen Schmetterling und Pfingstrosen, Symbole für Reichtum.

Der Hahn und sein Kamm

Es war einmal ein Jäger, der jagte tagsüber und kümmerte sich abends um seinen wunderschönen Garten. Eines Tages fand er seinen geliebten Maulbeerbaum ausgetrocknet und verwelkt. Als alle Rettungsversuche vergeblich waren, schrie er die Sonne an: »Du bist zu heiß, du hast meinen Baum zerstört, ich werde mich rächen.« Er spannte seinen Bogen und zielte sorgfältig; sein Pfeil traf die Sonne mitten ins Auge. Sie schrie laut auf vor Schmerz und versteckte sich hinter den Wolken.

Alle Tiere des Königreichs flehten die Sonne an, doch wieder herauszukommen, aber sie blieb hinter den Wolken verborgen. Das Land versank in Kälte und Dunkelheit, und die Tiere begriffen, daß sie bald sterben würden. Sie versammelten sich und beschlossen, alles zu versuchen, um die Sonne zum Nachgeben zu bewegen.

Als erster rief der Büffel die Sonne an, aber seine Stimme war zu tief und schwach, als daß sie ihn hätte hören können. Als nächster kam der Tiger, dessen furchterregendes Gebrüll die Sonne nur noch tiefer in die Wolken trieb.

Schließlich stolzierte der Hahn heran. »Laßt mich mal«, sagte er und schickte seinen lauten, klaren Ruf zum Himmel. Die Sonne vernahm seine angenehme Stimme und lugte hervor. Wieder rief der Hahn sie sanft und bittend, und die Sonne traute sich heraus. »Ich werde dir einen ganz besonderen Kamm schenken«, sagte sie, »damit du deine Federn glätten kannst, bevor du mich jeden Morgen rufst.« Die Sonne warf den Kamm, aber der Hahn konnte ihn in seiner Aufregung nicht richtig fangen, und er landete umgekehrt auf seinem Kopf, wo er bis heute geblieben ist.

Hahnenköpfe

Diese Hahnenköpfe sind aus Bronze und stammen aus der chinesischen Han-Dynastie.

HAHN

PERSÖNLICHKEIT

DER HAHN IST VON OFFENER, COURAGIERTER ART UND IMMER ZUR STELLE, WENN ANDERE SEINE HILFE BRAUCHEN. ER LIEBT DIE SCHÖNEN DINGE DES LEBENS UND VERSTEHT SIE AUSGIEBIG ZU GENIESSEN.

Sie sind ein exzellenter Gesellschafter und können sich an unterschiedlichste Umstände gut anpassen. Sie legen größten Wert auf ein gepflegtes Aussehen und sind sehr kritisch in Geschmacksfragen, mit sich selber ebenso wie mit anderen.

Handlungsweise

Das Beste ist Ihnen gerade gut genug, wenn es gilt, Ihren Bedürfnissen gerecht zu werden. Ansonsten möchten Sie, ohne Einmischung von irgendeiner Seite, Ihren eigenen Weg gehen. Aber Ihr Egoismus ist nie verletzend gemeint. Um der Wahrheit willen sind Sie anderen gegenüber ehrlich und aufrichtig.

Hähne und Blumen
Dieses chinesische Porzellangefäß ist mit vorzüglich gemalten Hähnen und Blumen dekoriert.

Seelenleben

Oberflächlich gesehen sind Sie nur charmant, und man kann Ihr fundiertes Wissen kaum erahnen. Tatsächlich sind Sie geistig sehr beweglich und sich Ihrer Mitmenschen und Ihrer Umwelt voll bewußt. Trotz Ihrer Eitelkeit können Sie Mitleid empfinden und haben auch eine altruistische Ader, wenn es gilt, Freunden in Not zu helfen.

Sie sind ein vertrauenswürdiger und taktvoller Ratgeber. Da Sie wenig von sich selbst enthüllen, wirken Sie manchmal etwas sprunghaft und unberechenbar.

Ihre Verletzlichkeit und Ihre Unsicherheit verbergen Sie geschickt hinter Humor und anregender Konversation. Ihre wahre Natur kennen nur Ihre engsten Freunde.

Es fällt Ihnen schwer, sich zu binden. Sobald Sie sich aber für einen Menschen entschieden haben, sind Sie ein liebenswürdiger und romantischer Partner, der verläßlich ist und verantwortungsbewußt handelt.

Ihrer Elternrolle widmen Sie sich planvoll und mit Hingabe, wobei Ihnen aber ausreichend Freiraum für eigene Aktivitäten bleibt.

Der Hahn als Kind

Der junge Hahn ist offen, wißbegierig und ein guter Freund. Seine Eltern sollten seine Interessen behutsam steuern.

Aufrecht stehender Hahn

Die unbeschwerte Haltung dieses aufrechten Hahns steht für den angeborenen Stolz und das Selbstbewußtsein dieses Tiers. Die Porzellanfigur stammt aus China, 18. Jahrhundert.

HAHN

LIEBE

DER HAHN IST EIN CHARMANTES WESEN. ER SCHÄTZT GUTE KLEIDUNG, GUTE GESELLSCHAFT UND MÖCHTE IMMER EINDRUCK MACHEN. NICHT SELTEN IST ER VON BEWUNDERERN UMRINGT.

In der Liebe finden Sie Gefallen an Eroberungen, die von Ihnen gewisse Mühen erfordern. Zu leichtes Spiel läßt Sie die Partner häufig wechseln.

Ihre Unabhängigkeit ist Ihnen lebenswichtig. Für einen Partner, der Sie ständig an seiner Seite braucht, sind Sie eher ungeeignet. Sie sind eifersüchtig, zeigen es aber nicht.

Wenn Sie jemand wirklich lieben, sind Sie ein intelligenter und sehr angenehmer Partner. In der Sicherheit einer festen, innigen Beziehung gewinnt Ihre empfindsame Seite die Oberhand.

Sie sind für Ihre Anständigkeit berühmt, können aber manchmal gleichgültig scheinen. Diese unabsichtliche Gedankenlosigkeit kann Ihren Partner oft verletzen.

Als ideale Liebesgefährten empfehlen sich der Büffel und die Schlange. Der Büffel bietet Ihnen Aufregung und Geselligkeit und daneben die Sicherheit und den Komfort, nach denen Sie sich heimlich sehnen. Die Schlange teilt Ihre Vorliebe für gute Kleidung, schätzt aber auch Ihre subtileren Seiten.

Die Göttin der Liebe
Kuan Yin, einst in der chinesischen Mythologie eine männliche buddhistische Gottheit, ist heute als Sun-tsu oder Göttin der Gnade bekannt, die Kindersegen schenkt.

Das Rad der Harmonie

Suchen Sie die Tierkreiszeichen, die vor dem gleichen farblichen Hintergrund abgebildet sind wie Ihres. Der Hase liegt in einem grünen Feld, paßt also am besten zu Ziege und Schwein. Das Symbol in der Mitte steht für das Glück der Zweisamkeit.

Der Drache liebt Ihre Aufmerksamkeit und den Hang zur Selbstdarstellung. Das Schwein bringt Ihnen Toleranz und Verständnis entgegen und wird Ihren Hang zu Prahlerei und Kritik ignorieren. Mit der Ratte könnte es schwierig werden, wenn Sie, wie üblich, Ihr Innerstes verbergen. Auch Tiger und Hase sind nicht die idealen Partner. Der Hase verliert die Geduld mit Ihnen, und der Tiger findet Sie zu rasant. Eine Verbindung mit dem Pferd könnte sehr wettbewerbsbetont sein. Die Ziege, der Sie Komfort und Sicherheit bieten können, wird Ihnen wahrscheinlich zu unkonventionell sein. Beim Hund schätzen Sie am meisten dessen Ehrlichkeit.

Ihr Anstand ist eine gute Ergänzung zur Cleverneß des Affen, sie werden sich jedoch zusammenraufen müssen. Die Partnerschaft mit einem anderen Hahn ist bestimmt nie langweilig, sondern voll von Turbulenzen.

Orchidee

Lan Hua, die Orchidee, ist in China die Blume der Liebe und Schönheit. Als Fruchtbarkeitssymbol bedeutet sie reichen Kindersegen.

HAHN
BERUF

DER HAHN IST INTUITIV, INTELLIGENT UND SEHR SELBSTÄNDIG. ER LÄSST SICH NICHT GERN SAGEN, WAS ER ZU TUN HAT, UND IST BESTENS FÜR BERUFE GEEIGNET, DIE IHM EINE GEWISSE UNABHÄNGIGKEIT GARANTIEREN.

Schneider
Der Beruf des Schneiders erfordert handwerkliches Geschick und Kreativität. Das kommt dem Hahn sehr entgegen, denn er ist selbstbewußt, überzeugend, kompetent und hat einen Blick für Stoffe und Farben.

NÄH-MASCHINE

Modeschöpfer
Der extravagante Hahn legt großen Wert auf Stil. Er liebt es, alles neu und immer anders zu gestalten. Als Modeschöpfer kann er seine Kreativität voll ausleben.

SCHNITTMUSTER

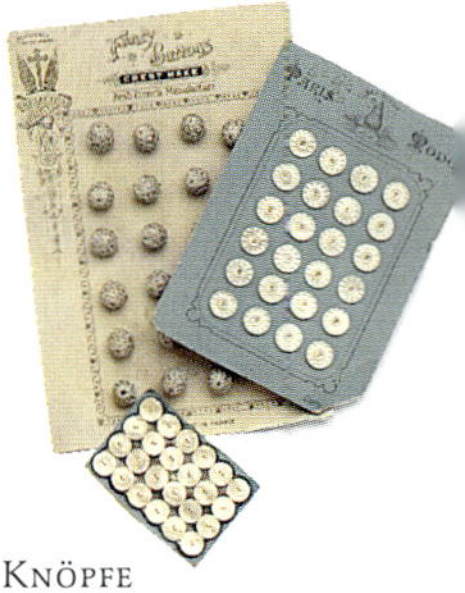
KNÖPFE

Entertainer

Der Hahn ist der geborene Entertainer. Er schätzt eine entspannte Atmosphäre und liebt Geselligkeit. Er zelebriert seinen Auftritt gern mit schönen Dingen, mit dieser chinesischen Kakaokanne aus dem 17. oder 18. Jahrhundert zum Beispiel, oder mit dieser Teetasse aus der frühen Ch'ing-Dynastie.

CHINESISCHE KAKAOKANNE

CHINESISCHE TEETASSE

Feuerwehrmann

Dienstleistungsberufe wie Feuerwehrmann oder Eisenbahner liegen dem Hahn, denn er kennt keine Furcht, liebt Herausforderungen und läßt sich von Hindernissen nicht schrecken. Eine gewisse Unabhängigkeit muß ihm aber bleiben.

TRILLERPFEIFE FÜR EISENBAHNER

FEUERWEHRHELM

KOSMETIKFLÄSCHCHEN

Kosmetiker

Die Arbeit als Kosmetiker entspricht der Extravaganz des Hahns. Er wäre hingerissen von diesem silbernen Fingernagelschutz.

FINGERNAGELSCHUTZ

HAHN

GESUNDHEIT

YIN UND YANG SIND IM KÖRPER STÄNDIG IM FLUSS. DIE GESUNDHEIT DES MENSCHEN BERUHT AUF DEM HARMONISCHEN GLEICHGEWICHT ZWISCHEN DEN BEIDEN KRÄFTEN.

Der menschliche Körper wird von zwei Kräften beherrscht, die in uns fließen und die ein natürliches Mindest- und Höchstmaß nicht überschreiten dürfen: der Blutkreislauf, eine Yin-Kraft, und der Fluß der Körperenergie, das Ch'i, das dem Yang zugeordnet ist. Die geringste Verschiebung im Gleichgewicht von Yin und Yang im Körper kann unsere Gesundheit beeinträchtigen. Yang-Krankheiten lassen sich heilen, indem man Yin zuführt, und Krankheiten des Yin werden durch eine Yang-Therapie behandelt.

Lingchih-Pilz
Auf dieser Schale aus der Ch'ing-Dynastie ist der »unsterbliche« Lingchih-Pilz abgebildet, ein Symbol für langes Leben.

In jedem Menschen herrscht ein anderes Verhältnis von Yin und Yang. Meist hat ein temperamentvoller Mensch starke Yang-Kräfte, während ein friedlicher Mensch eher von Yin-Energien beseelt ist.

Bevor ein chinesisches Heilmittel verschrieben wird, muß die Stimmung des Patienten berücksichtigt werden. Denn auch Gefühle wie Freude, Zorn, Trauer, Fröhlichkeit, Sorge, Nachdenklichkeit und Angst sollten ausgewogen bleiben. Ist dies erreicht, spricht man von einer Harmonie der sieben Empfindungen.

Lotosblüte
Die Samen der Lotosblume sind reich an Vitamin C und dienen der Wiederherstellung des Ch'i.

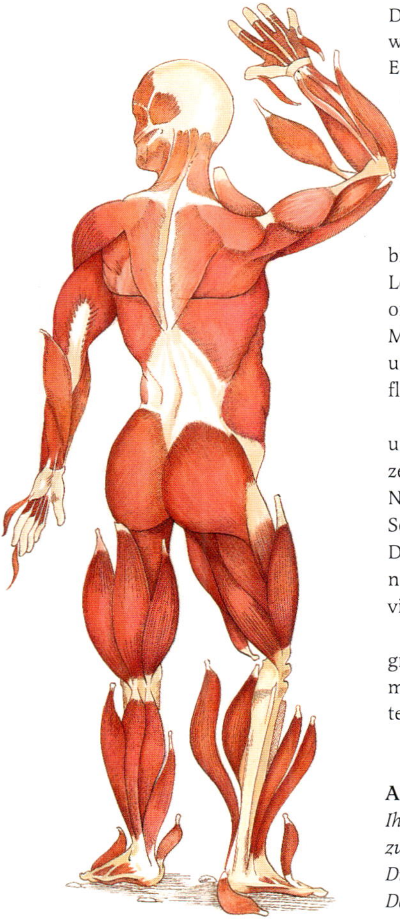

Dem im Jahr des Hahns Geborenen wird das Element Gold zugeordnet. Es steht mit der Lunge, dem Darmbereich, der Nase, der Haut und dem Haar in Verbindung. Diese Körperpartien haben entscheidenden Einfluß auf Ihre Gesundheit. Außerdem werden Ihnen das Gefühl der Trauer, eine Vorliebe für bittere Speisen und als Heilkraut die Lotosblume (Nelumbo nucifera) zugeordnet. Ihre Samen stärken Milz und Magen, fördern die geistige Stabilität und regulieren den Verlust von Körperflüssigkeiten.

In China reicht man Lotossamen und Liliensuppe am Ende eines Hochzeitsessens, denn ihre chinesischen Namen sind ein Wortspiel aus »ständig Söhne« und »hundert miteinander«. Die Suppe steht also für den Wunsch nach einer hundertjährigen Ehe mit vielen Söhnen.

Die chinesische Medizin verlangt großes Können; nehmen Sie daher niemals Lotossamen oder andere Heilmittel ohne ärztlichen Rat ein.

Astrologie und Anatomie

Ihr Element Gold wird zwei Hauptorganen zugeordnet, der Lunge und dem Darm. Die Lunge ist ein Yin-Organ und der Darm ein Yang-Organe.

HAHN
HOBBYS

DER HAHN IST DER GEBORENE ENTERTAINER, DER ES LIEBT, IM MITTELPUNKT ZU STEHEN. DANEBEN BRAUCHT ER ABER AUCH DEN RÜCKZUG IN EIN PRIVATES, GEMÜTLICHES REFUGIUM, UM SICH ZU ERHOLEN.

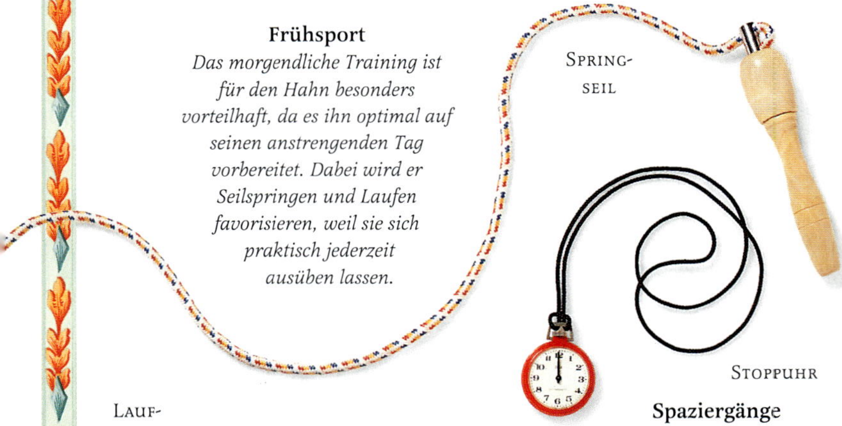

SPRING-SEIL

Frühsport

Das morgendliche Training ist für den Hahn besonders vorteilhaft, da es ihn optimal auf seinen anstrengenden Tag vorbereitet. Dabei wird er Seilspringen und Laufen favorisieren, weil sie sich praktisch jederzeit ausüben lassen.

STOPPUHR

LAUF-SCHUHE

Spaziergänge

Obwohl man sich den geselligen Hahn auf einsamen Spaziergängen kaum vorstellen kann, sind sie für ihn ein wertvoller Zeitvertreib, da sie ihm den erholsamen Rückzug aus seinem hektischen Alltag erlauben.

Häusliche Buchführung

Der Hahn geht großzügig mit Geld um. Zum Glück behält er Ordnung und Übersicht und seine Ausgaben sorgfältig unter Kontrolle.

HAUSHALTSBUCH UND TASCHENRECHNER

ALT-SAXOPHON

Der Hahn als Logo

Die französischen Brüder Charles und Emile Pathé gründeten eine Filmgesellschaft, die seit 1909 Wochenschauen produzierte. Dieser Hahn war ihr Firmenlogo.

FIRMENLOGO

MIKROPHON

Entertainment

Der Hahn steht am liebsten im Rampenlicht. Er ist ein hinreißender Unterhalter und scheut weder vor einem Saxophonsolo zurück, noch hält ihn etwas davon ab, vor einem großen Publikum ein Lied zum besten zu geben.

HAHN
SYMBOLE

JEDEM TIERKREISZEICHEN WIRD EINE BESTIMMTE SPEISE, HIMMELSRICHTUNG, FARBE, EMOTION, ASSOZIATION UND EIN EIGENES SYMBOL ZUGEORDNET. DER HAHN WIRD AUCH MIT DEM HERBST ASSOZIIERT.

CHINESISCHER PORZELLAN-HAHN

Farbe

In China ist das leuchtende Weiß die Farbe der Reinheit. Es ist auch die Farbe des Hahns. Dieses Exemplar aus weißem chinesischem Porzellan stammt aus der Ch'ing-Dynastie.

GEWÜRZNELKEN

Speise

Bittere Nahrungsmittel wie Gewürznelken werden mit dem Hahn assoziiert.

CHINESISCHER KOMPASS

WINKEL

Symbol

Der Winkel ist das Symbol des Hahns in der chinesischen Astrologie.

Himmelsrichtung

Der chinesische Kompaß weist nach Süden, der westliche hingegen nach Norden. Die Himmelsrichtung des Hahns ist der Westen.

Emotion

Traurigkeit ist das Gefühl, das dem Hahn zugeordnet wird.

WAAGE DER JUSTITIA

Assoziation

Der Hahn wird mit Gerechtigkeit assoziiert.

TRAURIGES BABY

Der krähende Hahn

1945 und 2005

In der chinesischen Mythologie gilt der Hahn als besonders mutiges Geschöpf. Man findet ihn deshalb oft als Schnitzerei auf Häusern, die er vor bösen Geistern schützen soll.

Als krähender Hahn werden Sie mit Expansion und Erfolg assoziiert. Sie ähneln einem selbstbewußten Hahn, dessen Brust sichtbar anschwillt, wenn er kräht und vor Stolz birst.

Persönlichkeit

Ihre verbale Ausdruckskraft ist beeindruckend. Sie nehmen kein Blatt vor den Mund und fürchten nicht die Folgen. Sie sind außerdem der festen Überzeugung, daß Sie Ihre Meinung zu allem und jedem äußern sollten.

Sie wollen anprangern, was Sie für falsch halten, und loben, was Sie richtig finden. Obwohl Ihre Ehrlichkeit sehr zu bewundern ist, werden Sie manchmal wenig Beifall finden.

Sie setzen sich sehr hohe Maßstäbe und sind immer bereit, Ihre Ansichten freimütig zu äußern. Genau das erwarten Sie als pure Selbstverständlichkeit auch von Ihren Mitmenschen, womit diese manchmal überfordert sind. Nicht jeder hat soviel Mut wie Sie.

Ihr natürlicher Hang zu Vollkommenheit macht es Ihnen schwer, Begriffsstutzigkeit und Dummheit zu ertragen. Sie sollten sich ernsthaft um mehr Toleranz bemühen, die Ihnen wie auch Ihrer Umwelt das Leben erheblich erleichtern wird.

Karriere

Ihre Direktheit hindert Sie glücklicherweise nicht an einer Karriere. Sie werden Erfolg im Leben haben und können, wenn Sie vorsichtig mit Geld umgehen, sogar reich werden.

Freundschaft

Der krähende Hahn ist mit dem Symbol der Langlebigkeit verbunden. Da

Krähender Hahn

Sie also lange leben werden, ist es um so wichtiger, Ihr Temperament zu zügeln, um Ihre Freunde, die Sie auch im Alter sicherlich noch brauchen werden, nicht zu verprellen.

Familie

Ihre Familie ist in Ihrem Leben von enormer Wichtigkeit. Sie werden ein inniges Verhältnis zu Ihren Eltern und Geschwistern haben. Sie wissen den hohen Wert eines glücklichen Familienlebens sehr zu schätzen und werden alles in Ihrer Macht Stehende tun, damit Ihre Lieben dauerhaft glücklich und zufrieden sind.

Erwarten Sie dennoch nicht zuviel von Ihren Kindern. Seien Sie großzügig, und lassen Sie ihnen genug Freiraum, ihre eigenen Erfahrungen zu machen und zu sich selbst zu finden.

Partnerschaft

Bevor Sie sich endgültig binden, wechseln Sie öfter Ihre Partner. Dennoch sind Sie im Grunde ein Familienmensch. Ihre Kinder und Ihr Partner werden Sie als liebenswertes und zuverlässiges Familienmitglied erleben.

Der einsame Hahn

1957 und 2017

Dieser Hahn bleibt dem Treiben auf dem Hühnerhof zwar fern, ist aber kein Kind von Traurigkeit. Obwohl er das Leben zuweilen als Kampf empfindet, bleibt er doch immer mitfühlend und hilfsbereit.

Sie werden mit dem Stachel einer Biene assoziiert: So wie die Biene, wenn sie sticht, den Tod erleiden muß, so werden Sie, wenn Sie Ihrem Zeichen treu bleiben, eine gewisse Einsamkeit ertragen müssen.

Jugend

Schon in der Schule waren Sie nicht gern ein Teil der Menge, und während Ihrer ersten Berufsjahre fällt es Ihnen schwer, mit dem Druck und der Hetze des Arbeitslebens fertig zu werden. In Ihrer Jugend fühlen Sie sich von einem turbulenten Umfeld gestört, da Ihrer Persönlichkeit jede Hektik fremd ist.

Persönlichkeit

Sie sind einfühlsam, liebenswürdig und durch Aggressivität leicht zu verletzen. Sie brauchen Liebe und Bewunderung, die Sie genauso gern verschwenderisch verteilen. Es allen recht machen zu wollen, kann Ihnen ironischerweise zum Nachteil gereichen, aber die Erfahrung wird Sie lehren, damit besser umzugehen.

Sie verleihen Geld besonders freigiebig. Obwohl Ihnen diese Großzügigkeit meist vergolten wird, kann sie auch zum Nachteil gereichen, denn hohe Schulden können einer Freundschaft abträglich sein.

Freundschaft

Versuchen Sie immer herauszufinden, ob die Leute tatsächlich finanzielle Hilfe nötig haben, oder ob sie eher Ihre geistige und moralische Unterstützung brauchen. Die Skrupellosen könnten Sie sonst allzu leicht um Ihre Ersparnisse bringen.

Überhaupt sollten Sie achtgeben, daß Ihre Hilfsbereitschaft und Ihr Ein-

Einsamer Hahn

fühlungsvermögen nicht mit Blauäugigkeit und Naivität gleichgesetzt werden.

Aussichten

Je älter Sie werden, desto mehr Menschen in einflußreichen Positionen werden von Ihnen beeindruckt sein, mit Ihnen arbeiten wollen und Sie als Freund schätzen. Das wird Ihnen viele lohnende Aufgaben einbringen. Man wird Sie fördern, weil man den Wert Ihrer Arbeit kennt und Ihnen als Persönlichkeit Respekt zollt.

Sie werden hoffentlich zu der Überzeugung gelangen, daß die Schwierigkeiten Ihrer Jugend durch die Vorteile und Erfolge in Ihren mittleren Jahren und im Alter mehr als kompensiert werden.

Der Hahn, der den Morgen ankündigt

1909 und 1969

Das ist der Hahn in seinem Element – als lauter Vorbote des glorreichen neuen Tages. Er kündigt die Morgendämmerung an, egal ob das jemanden interessiert oder nicht.

Sie werden mit Schneidewerkzeug assoziiert – es steht für effiziente Arbeit, kann aber auch Dinge einfach niedermähen.

Persönlichkeit

Ohne Rücksicht auf die Folgen tun und sagen Sie gern, was Sie für richtig halten. Sie neigen selbst dann zum Angriff, wenn eher Vorsicht geboten wäre. Obwohl Sie andere mit Ihrer Selbstgerechtigkeit oft verärgern und verletzen, sehen Sie Ihr Verhalten als reine Pflichterfüllung.

Sie sollten sich Ihr tiefes Gerechtigkeitsgefühl bewahren, sich aber von Ihrer Klugheit leiten lassen und es weniger rigoros zum Ausdruck bringen.

Sobald Ihnen das gelingt, werden Sie ein wirklich umgänglicher und rücksichtsvoller Zeitgenosse sein, und man wird Ihnen, was immer Sie zu sagen haben, mit großer Aufmerksamkeit folgen.

Familie

Kinder werden Sie wahrscheinlich erst relativ spät im Leben haben. Da Sie dann aber nicht nur älter, sondern auch reifer sind, werden Sie Ihren Nachwuchs dann um so mehr fördern und lieben können.

Um die schwierigen Seiten Ihres Charakters in den Griff zu kriegen, werden Sie vielleicht jahrelang mit sich selbst beschäftigt sein und Eltern und Geschwister bis zur Entfremdung vernachlässigen.

Seien Sie jederzeit bereit, die Brükken wieder aufzubauen, denn nach allem, was Ihre Lieben mit Ihnen durchgestanden haben, wäre es nur fair, wenn Sie den ersten Schritt tun würden.

Hahn, der den Morgen ankündigt

Partnerschaft

Es kann lange dauern, bis Sie den richtigen Partner gefunden haben, aber dann werden Sie eine erfüllte und glückliche Beziehung führen.

Aussichten

Sie werden ein erfolgreiches Leben und eine gut dotierte Stellung haben. In Geldangelegenheiten sollten Sie allerdings Vorsicht walten lassen, denn da streiten sich meistens zwei Seelen in Ihrer Brust – einerseits sind Sie übervorsichtig bis hin zum Geiz, andererseits verschwenden Sie Ihr Geld auch oft für unnötige Kinkerlitzchen.

Versuchen Sie den goldenen Mittelweg zwischen Knauserei und Spendierfreudigkeit zu finden. Genießen Sie maßvoll Ihr Geld und Ihren Wohlstand.

Der Hahn im Käfig

1921 und 1981

Dieser Hahn muss zwei mächtige, widerstreitende Charakterzüge in ein harmonisches Verhältnis bringen. Er wird mit zwei Händen assoziiert, die versuchen, etwas auszubalancieren.

Dieser Hahn wird sicherlich liebevoll umsorgt und gut gefüttert. Er führt das süße Leben eines verwöhnten Haustiers.

So ein Dasein hat jedoch auch seine Nachteile, denn es schränkt die Freiheit stark ein. Der Hahn kann nicht herumstreunen und sich selbst sein Futter suchen, und so wird er den Verdacht nicht los, daß er für ein eventuelles Mahl gemästet wird.

Persönlichkeit

Alles im Leben scheint Ihnen zu gelingen – Sie haben Erfolg und erreichen immer, was Sie wollen. Sie sind klug und als angenehmer Gesellschafter und begnadeter Entertainer sehr beliebt.

Sie fallen gern auf, kleiden sich gepflegt und vertreten Ihre Ansichten mit guten Argumenten. Ihre Mitmenschen sind von Ihren Talenten und Ihrer Bildung oftmals tief beeindruckt.

Familie

Das ist aber nur die eine Seite Ihrer Lebensgeschichte. Die andere – Ihr Familienleben – gestaltet sich sehr schwierig. Da Sie sich lieber außerhalb der Familie engagieren, wird das vermutlich dazu führen, daß Ihre Eltern und Ihre Geschwister von Ihnen enttäuscht sind. Das führt zu vielen Streitereien. In diesem delikaten Beziehungsgeflecht gleichen Sie eher einem eingepferchten, frustrierten Hahn.

Partnerschaft

Ähnliche Erfahrungen könnten Sie in einer festen Beziehung machen, wenn Ihnen Ihr Partner nicht den Enthusiasmus und die Bewunderung entgegenbringt, die Sie erwarten. Vielleicht liegt es auch daran, daß Sie oft ziemlich arrogant und »gockelhaft« sind.

Auch wenn Sie viel erreicht haben, sollten Sie nicht unbedingt damit rechnen, permanent mit Lob überschüttet

Hahn im Käfig

zu werden. Ein wenig Demut und etwas mehr Bescheidenheit würden Ihnen sicherlich guttun.

Sollten Sie Ihre Arroganz ablegen können, wird Ihr ohnehin erfolgreiches Leben noch viel erfreulicher und befriedigender sein.

Aussichten

Ihr ganzes Leben hindurch werden Sie zuweilen das Gefühl haben, in Ihren Möglichkeiten eingeschränkt zu sein oder nicht voll anerkannt zu werden.

Vielleicht sind Ihre Erwartungen unrealistisch, und Sie sollten sich nicht immer auf andere Leute verlassen, sondern nur auf bewährte Freundschaften und Ihre eigenen Leistungen bauen. Haben Sie einfach mehr Selbstvertrauen und Mut.

Der Hahn im Hühnerstall

1933 und 1993

Das müsste für den Hahn der ultimative Standort sein, denn im Hühnerstall findet er volle Anerkennung. Folglich ist es ein verheissungsvolles Zeichen.

Ihre Assoziation ist der Spruch: Das Rechte tun und die Früchte seines Tuns genießen!

Persönlichkeit

Sie haben eine dynamische, temperamentvolle Persönlichkeit. Obgleich Sie pausenlos in Schwierigkeiten zu sein scheinen, schaffen Sie es immer wieder, auf die Beine zu kommen.

Manchmal sind Sie etwas ungestüm, was Ihnen aber niemand allzu übel nimmt. Sie sind anderen gegenüber offen und liebenswert.

Einzig Ihr Hang zum Klatsch könnte einige Leute auf Distanz halten, aber selbst wenn Ihnen mal Vertrauliches entschlüpft, bleiben Ihnen Ihre Freunde meist gewogen.

Versuchen Sie aber trotzdem nicht jedes Geheimnis gleich wieder auszuplaudern.

Karriere

Der Weg auf der Karriereleiter wird nicht ganz einfach sein, aber Sie werden auch nie ernsthafte Probleme haben. In geschäftlichen Dingen denken Sie stets positiv und dynamisch.

Leider teilen Ihre Geschäftspartner nicht immer Ihre Zuversicht. Passen Sie sich lieber der vorsichtigen Gangart Ihrer Kompagnons an, und nehmen Sie das vermeintliche Schneckentempo gelassen hin.

Familie

Selbst wenn es so scheint, als ob sich Familie und Berufsleben schwer vereinbaren lassen, werden Sie sich, wie üblich, durchsetzen und allen Vorbehalten und Bedenken mit Erfolg entgegentreten.

Partnerschaft

Ihre Partnerschaft ist wahrscheinlich

Hahn im Hühnerstall

glücklich, auch wenn sie durch Ihre unbedachte Art manchmal starken Belastungen ausgesetzt ist. Versuchen Sie rücksichtsvoller zu sein, und verlassen Sie sich nicht ausschließlich auf Ihr angeborenes Glück. Jede Aufmerksamkeit, die Sie dem Partner schenken, wird zum Gelingen Ihres Zusammenlebens beitragen.

Aussichten

Es ist sehr unwahrscheinlich, daß Sie einmal arm sein werden. Obwohl Sie meistens mehr ausgeben, als Sie sich leisten können, haben Sie immer wieder Glück. Seien Sie aber vorsichtig, denn Selbstüberschätzung hat schon so manchen ins Unglück gestürzt. Nicht immer kann man sich auf sein Glück verlassen.

Das Leben ist oft ungerecht, und Sie sollten nicht die vergessen, denen das Schicksal weniger gewogen ist. Helfen Sie Menschen in Not mit großzügigen Spenden, denn Sie werden vermutlich immer wohlhabend sein, während andere in Armut leben müssen. Wenn es Ihnen gelingt, Ihr glückliches Geschick mit dem Mitgefühl für andere zu verbinden, werden Sie Ihr Leben als wirklich lebenswert empfinden.

Ihr chinesischer Geburtsmonat

Sehen Sie in der Tabelle Ihres Geburtsjahres nach, in welchen Monat Ihr Geburtstag fällt. Wenn Sie zum Beispiel am 30. August 1957 geboren wurden, ist es der 8. chinesische Monat.

1 Sie haben das Talent, schwierige Situationen zu meistern und anderen währenddessen Ruhe zu vermitteln.

2 Sie haben eine Abneigung gegen die Ratschläge anderer und sind schwer zugänglich. Hören Sie mehr zu.

3 Sie sind gutherzig und können Situationen sicher beurteilen. Sie sollten versuchen, Ihre Eifersucht zu zügeln.

4 Sie sind allseits beliebt, ein exzellenter Organisator und ein guter Freund. Ihre Gesundheit ist robust.

5 Ihr Tatendrang ist nicht zu bremsen. Sie sind sehr selbstbewußt, sollten aber auch andere zu Wort kommen lassen.

6 Sie widmen den Dingen selten ausreichend Zeit und Aufmerksamkeit. Versuchen Sie geduldiger zu sein.

7 Sie sind sehr tüchtig und haben eine gute Menschenkenntnis. Seien Sie aber bereit, Ihr Urteil auch zu revidieren.

8 Sie sind ziemlich labil und verletzen andere durch Ihre Gleichgültigkeit. Versuchen Sie, das zu ändern.

9 Sie sind charismatisch, individuell und der geborene Unterhalter. Ihr Leben wird nicht immer einfach sein.

10 Sie sind beliebt und eine exzellente Führungspersönlichkeit. Sie leiden allerdings an einer schwachen Gesundheit.

11 Sie können außergewöhnlich naiv sein, dennoch kommen Sie mit erstaunlicher Leichtigkeit durchs Leben.

12 Ihre bewegten Gefühle werden Sie in die aufregendsten Situationen bringen. Ihr Leben wird nie langweilig.

* Einige Jahre enthalten Doppelmonate:

1909: 2. Monat	1933: 5. Monat
22. Feb. - 21. März	24. Mai - 22. Juni
22. März - 19. April	23. Juni - 21. Juli
1957: 8. Monat	1993: 3. Monat
25. Aug. - 23. Sept.	23. März - 21. April
24. Sept. - 22. Okt.	22. April - 20. Mai

1909	
22. Jan. - 21. Feb.	1
* Siehe Kasten »Doppelmonate«	2
20. April - 18. Mai	3
19. Mai - 17. Juni	4
18. Juni - 16. Juli	5
17. Juli - 15. Aug.	6
16. Aug. - 13. Sept.	7
14. Sept. - 13. Okt.	8
14. Okt. - 12. Nov.	9
13. Nov. - 12. Dez.	10
13. Dez. - 10. Jan. 1910	11
11. Jan. - 9. Feb.	12

1921	
8. Feb. - 9. März	1
10. März - 7. April	2
8. April - 7. Mai	3
8. Mai - 5. Juni	4
6. Juni - 4. Juli	5
5. Juli - 3. Aug.	6
4. Aug. - 1. Sept.	7
2. Sept. - 30. Sept.	8
1. Okt. - 30. Okt.	9
31. Okt. - 28. Nov.	10
29. Nov. - 28. Dez.	11
29. Dez. - 27. Jan. 1922	12

1933	
26. Jan. - 23. Feb.	1
24. Feb. - 25. März	2
26. März - 24. April	3
25. April - 23. Mai	4
* Siehe Kasten »Doppelmonate«	5
22. Juli - 20. Aug.	6
21. Aug. - 19. Sept.	7
20. Sept. - 18. Okt.	8
19. Okt. - 17. Nov.	9
18. Nov. - 16. Dez.	10
17. Dez. - 14. Jan. 1934	11
15. Jan. - 13. Feb.	12

1945	
13. Feb. - 13. März	1
14. März - 11. April	2
12. April - 11. Mai	3
12. Mai - 9. Juni	4
10. Juni - 8. Juli	5
9. Juli - 7. Aug.	6
8. Aug. - 5. Sept.	7
6. Sept. - 5. Okt.	8
6. Okt. - 4. Nov.	9
5. Nov. - 4. Dez.	10
5. Dez. - 2. Jan. 1946	11
3. Jan. - 1. Feb.	12

1957	
31. Jan. - 1. März	1
2. März - 30. März	2
31. März - 29. April	3
30. April - 28. Mai	4
29. Mai - 27. Juni	5
28. Juni - 26. Juli	6
27. Juli - 24. Aug.	7
* Siehe Kasten »Doppelmonate«	8
23. Okt. - 21. Nov.	9
22. Nov. - 20. Dez.	10
21. Dez. - 19. Jan. 1958	11
20. Jan. - 17. Feb.	12

1969	
17. Feb. - 17. März	1
18. März - 16. April	2
17. April - 15. Mai	3
16. Mai - 14. Juni	4
15. Juni - 13. Juli	5
14. Juli - 12. Aug.	6
13. Aug. - 11. Sept.	7
12. Sept. - 10. Okt.	8
11. Okt. - 9. Nov.	9
10. Nov. - 8. Dez.	10
9. Dez. - 7. Jan. 1970	11
8. Jan. - 5. Feb.	12

1981	
5. Feb. - 5. März	1
6. März - 4. April	2
5. April - 3. Mai	3
4. Mai - 1. Juni	4
2. Juni - 1. Juli	5
2. Juli - 30. Juli	6
31. Juli - 28. Aug.	7
29. Aug. - 27. Sept.	8
28. Sept. - 27. Okt.	9
28. Okt. - 25. Nov.	10
26. Nov. - 25. Dez.	11
26. Dez. - 24. Jan. 1982	12

1993	
23. Jan. - 20. Feb.	1
21. Feb. - 22. März	2
* Siehe Kasten »Doppelmonate«	3
21. Mai - 19. Juni	4
20. Juni - 18. Juli	5
19. Juli - 17. Aug.	6
18. Aug. - 15. Sept.	7
16. Sept. - 14. Okt.	8
15. Okt. - 13. Nov.	9
14. Nov. - 12. Dez.	10
13. Dez. - 11. Jan. 1994	11
12. Jan. - 9. Feb.	12

2005	
9. Feb. - 9. März	1
10. März - 8. April	2
9. April - 7. Mai	3
8. Mai - 6. Juni	4
7. Juni - 5. Juli	5
6. Juli - 7. Aug.	6
8. Aug. - 3. Sept.	7
4. Sept. - 2. Okt.	8
3. Okt. - 1. Nov.	9
2. Nov. - 30. Nov.	10
1. Dez. - 30. Dez.	11
31. Dez. - 28. Jan. 2006	12

Ihr chinesischer Geburtstag

Zunächst stellen Sie mit Hilfe der Tabelle auf Seite 37 den Beginn Ihres chinesischen Geburtsmonats fest, dann errechnen Sie anhand der hier abgebildeten Tabelle Ihren Geburtstag.

Wenn Sie am 5. Mai 1969 geboren wurden, fällt Ihr Geburtstag in den chinesischen Monat, der am 17. April beginnt. Suchen Sie unten in der Tabelle die 17. Zählen Sie von hier die Tage bis zu Ihrem Geburtstag. Bedenken Sie, daß nicht alle Monate 31 Tage haben. In unserem Beispiel sind Sie am 19. Tag des chinesischen Monats geboren. Sind Sie in einem Doppelmonat geboren, zählen Sie einfach die Tage vom ersten Tag Ihres Geburtsmonats.

1	2	3	4	5	6	7
8	9	10	11	12	13	14
15	16	17	18	19	20	21
22	23	24	25	26	27	28
29	30	31				

1., 10., 19. oder 28. Tag
Sie sind zuverlässig und verlangen viel von sich und anderen, neigen aber zu übertriebener Eile. Lassen Sie Vorsicht walten, und denken Sie nicht nur an sich. Vielleicht kommen Sie unverhofft zu Geld, trotzdem sollten Sie gut haushalten. Beruflich stehen Sie gern in der Öffentlichkeit.

2., 11., 20. oder 29. Tag
Sie sind aufrichtig und allgemein beliebt. Obwohl Sie Ruhe lieben, brauchen Sie den Umgang mit Menschen. Sie können das Leben genießen und machen das Beste daraus. Ihnen steht eine literarische oder künstlerische Karriere offen.

3., 12., 21. oder 30. Tag
Sie besitzen eine rasche Auffassungsgabe, gelten aber als schwierig, was manche Leute abschreckt. Sie sind sehr diszipliniert, kämpfen für die Wahrheit und können sich in allen Berufen mit Wettbewerbscharakter profilieren.

4., 13., 22. oder 31. Tag

Sie sind sehr warmherzig, wirken aber oft reserviert und unnahbar. Wenn Sie mehr aus sich herausgehen und kontaktfreudiger werden, können Sie bald neue Freunde gewinnen. Ihre ruhige, geduldige Art prädestiniert Sie für eine Karriere als Akademiker oder Wissenschaftler.

5., 14. oder 23. Tag

Ihre hitzköpfige Art und Ihre Sturheit hindern Sie oft daran, auf die Vorschläge oder Meinungen anderer einzugehen. Das führt nicht selten zu Streitereien und Problemen. In Geldangelegenheiten haben Sie eine glückliche Hand, nicht selten investieren Sie Ihre Gewinne in neue Projekte. Mit Ihrer angeborenen Intelligenz sind Sie auch hohen beruflichen Anforderungen gewachsen.

6., 15. oder 24. Tag

Sie haben ein offenes, heiteres Wesen und sind seelisch gefestigt. Ihr reiches Gefühlsleben fördert die Neigung zu Tagträumen. Das schafft gelegentlich Verwirrung, und Ihre Hilfsbereitschaft wird leicht durch Unentschlossenheit gelähmt. Obwohl Ihnen großer Reichtum versagt bleibt, haben Sie immer genug zum Leben.

7., 16. oder 25. Tag

Gegen ein wenig Aufregung haben Sie nichts einzuwenden, aber Sie müssen lernen, realistischer und disziplinierter zu sein. Auch als geborener Entertainer, dem kaum etwas verübelt wird, sollten Sie sich hüten, Ihre Freunde vor den Kopf zu stoßen. Im Beruf ist Ihnen Reisen wichtiger als die Höhe des Gehalts oder ein hoher Lebensstandard.

8., 17. oder 26. Tag

Sie besitzen ein gutes Urteilsvermögen, sollten aber nicht überstürzt handeln. Gelegentlich mangelt es Ihnen an Taktgefühl und Einfühlungsvermögen: Bemühen Sie sich, mehr auf andere einzugehen. Sie lernen Armut, aber auch Reichtum kennen. Ihr Unabhängigkeitsstreben, Ihre Ruhe und Entschlossenheit qualifizieren Sie für einen freien Beruf.

9., 18. oder 27. Tag

Sie sind mit Glück, Optimismus und Warmherzigkeit gesegnet. In Ihrem Tatendrang lassen Sie sich nicht von trivialen Problemen bremsen. Gelegentlich suchen Sie unnötig Streit. Bemühen Sie sich also, Ihre Launen zu mäßigen. Am besten machen Sie sich als Chef Ihrer eigenen Firma selbständig.

Ihre chinesische Geburtsstunde

Eine chinesische Stunde entspricht zwei Stunden westlicher Zeit. Jeder Doppelstunde wird eines der zwölf Tierkreiszeichen zugeordnet.

23.00–1.00 Uhr: Ratte
Sie sind unabhängig und haben ein hitziges Temperament. Überlegen Sie sorgfältig, was Sie sagen. Ihre Sparsamkeit ist im Geschäftsleben ebenso nützlich wie im Haushalt. Sie helfen gern Ihren Freunden, und diese werden es Ihnen danken.

1.00–3.00 Uhr: Büffel
Bis zum Alter von zwanzig Jahren könnte Ihr Leben schwierig verlaufen, aber nach dieser harten Anfangsphase haben Sie mehr Glück. Im Berufsleben sollten Sie bereit sein, Wagnisse einzugehen, wenn Sie Ihr Ziel erreichen wollen. Im Alter ist Ihnen Wohlstand beschieden.

3.00–5.00 Uhr: Tiger
Sie sind lebhaft und kreativ, was in jungen Jahren zu Familienstreitigkeiten führen kann. Zwischen dem zwanzigsten und vierzigsten Lebensjahr können Probleme auftreten. Doch danach wird sich das Glück wieder zu Ihrem Vorteil wenden.

5.00–7.00 Uhr: Hase
Ihre Eltern stehen zu Ihnen, aber mit den Geschwistern kann es zu Rivalitäten kommen. Vielleicht müssen Sie, um beruflich voranzukommen, in eine andere Stadt ziehen, fern von Freunden und Familie. Feste Beziehungen entwickeln sich langsam. Ab der Lebensmitte kommen Sie mit Ihren Mitmenschen viel besser aus.

7.00–9.00 Uhr: Drache
Sie sind aufgeweckt, entschlußfreudig und ziehen andere Menschen an. Obwohl Sie mitten im Leben stehen, fühlen Sie sich manchmal einsam. Ihr übersteigertes Selbstbewußtsein könnte sich ungünstig auf Ihre Beziehungen auswirken. Sie erreichen einen hohen Lebensstandard.

9.00–11.00 Uhr: Schlange

Mit Ihrem Talent fürs Geschäftsleben fällt es Ihnen leicht, Karriere zu machen und Ihre Familie zu ernähren. Sie sind überaus großzügig und helfen bereitwillig Ihren in Not geratenen Freunden. Achten Sie darauf, daß Unstimmigkeiten innerhalb der Familie immer schnell bereinigt werden.

11.00–13.00 Uhr: Pferd

Sie sind aktiv, klug und hartnäckig. Schlagen Sie gute Ratschläge nicht in den Wind. Sie reisen gern und lieben Abwechslung. Ein allzu extravagantes Leben könnte Sie jedoch in finanzielle Schwierigkeiten bringen.

13.00–15.00 Uhr: Ziege

Aufgrund Ihrer großen Aktivität fällt es Ihnen schwer, stabile Beziehungen zu Angehörigen, Freunden und Partnern aufzubauen. Trotz Ihrer Intelligenz dürfen Sie anderen nicht Ihre Meinung aufzwingen. In mittleren Jahren macht sich das Glück etwas rar.

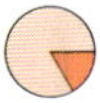

15.00–17.00 Uhr: Affe

Sie geben das Geld ebenso schnell aus, wie Sie es verdienen. Sie haben eine große Anziehungskraft, aber Sie können auch Enttäuschungen bereiten. Vielleicht haben Sie von Ihren Eltern nicht genug Unterstützung erhalten. Ihre Partnerschaft ist in der Regel gut. Versuchen Sie, eventuelle Probleme möglichst schnell zu lösen.

17.00–19.00 Uhr: Hahn

Als Jugendlicher haben Sie oft Streit mit Ihrer Familie. Manchmal entsteht dadurch eine tiefe Kluft, die sich jedoch mit der Zeit sicher wieder schließen läßt. Sie sind zuverlässig, freundlich und warmherzig und würden nie absichtlich jemanden verletzen.

19.00–21.00 Uhr: Hund

Mit Ihrem Mut, Können und Fleiß sind Sie der ideale Freiberufler, und Sie werden vermutlich eine vielversprechende Karriere machen. Allerdings sollten Sie sich vor Ungeduld und Eitelkeit hüten. Lebensqualität wird Ihnen immer wichtiger sein als finanzielles Vermögen.

21.00–23.00 Uhr: Schwein

Ihre besondere Begabung liegt im Handwerklichen, und Sie stellen an sich selbst immer die höchsten Anforderungen. Trotz Ihrer Warmherzigkeit beschränkt sich Ihr Freundeskreis auf wenige Menschen. Wer Ihnen nahesteht, genießt jedoch Ihr uneingeschränktes Vertrauen. Sie sind leicht in Rage zu bringen, vergeben und vergessen aber auch schnell.

Ihr Schicksal im Lauf der Jahre

Nicht in jedem Jahr des Tierkreises geht es dem Hahn gleich gut. Sie sollten sich auf die positiven Aspekte konzentrieren und dem scheinbar Negativen mit Vorsicht begegnen.

Jahr der Ratte

Ihr Familienleben steht im Jahr der Ratte unter sehr günstigen Vorzeichen. Ein generelles Glücksgefühl wird Ihre verwandtschaftlichen Beziehungen bestimmen. Sie werden sicher oft Gelegenheit haben, dieses Familienglück zu genießen.

Jahr des Büffels

Im Jahr des Büffels sind Sie auf Erfolgskurs – allerdings nur, wenn Sie harte Arbeit und große Anstrengungen nicht scheuen. Um Ihre Energie nicht unnötig zu vergeuden, sollten Sie Streit und Mißverständnisse meiden. Nutzen Sie Ihre Kräfte für neue Ziele.

Jahr des Tigers

Beruflich ist dies ein exzellentes Jahr, das Sie spürbar vorwärts bringen wird. Als Selbständiger werden Sie einen Boom an Aufträgen und Einkünften erleben; als Angestellter außer der Reihe befördert werden.

Jahr des Hasen

Finanziell werden Sie wahrscheinlich im Jahr des Hasen ganz gut dastehen. Sie müssen indessen Ihren Hang zur Verschwendung zügeln, andernfalls werden Ihre Ersparnisse schnell zusammenschmelzen oder sogar gänzlich verschwinden.

Jahr des Drachen

Das Jahr des Drachen ist ein vielversprechendes Jahr für den Hahn. Es wird Ihnen in beträchtlichem Maße Erfolg und Glück bescheren, und mit ziemlicher Sicherheit wird es Ihnen vergönnt sein, Ruhm und Anerkennung zu genießen.

Jahr der Schlange

Ihre Karriere steht in diesem Jahr unter einem günstigen Stern, und Sie werden sicher befördert werden. Seien Sie indessen nicht enttäuscht, wenn Ihre wachsende Verantwortung nicht automatisch durch höhere finanzielle Zuwendungen entlohnt wird.

Jahr des Pferdes

Dieses Jahr wird Ihre ganze Aufmerksamkeit und Kraft brauchen. Es wird in vieler Hinsicht anstrengend und anspruchsvoll sein. Lassen Sie sich nicht zu Ärger, Zorn und Wut hinreißen, denn das würde die Dinge nur verschlimmern.

Jahr der Ziege

Generell ist das Jahr der Ziege gut für den Hahn. Sie werden einerseits zufrieden sein können mit Ihrem Erfolg, andererseits jedoch sehen Sie sich innerhalb der Familie mit einer unterschwelligen schwermütigen Stimmung konfrontiert.

Jahr des Affen

Manchmal werden Sie glauben, in diesem Jahr ginge alles schief. Scheinbar nicht enden wollende Schwierigkeiten rauben Ihnen die letzten Kräfte, aber stürzen Sie nicht in Verzweiflung, denn das würde die Sache unweigerlich verschlimmern.

Jahr des Hahns

Nach den Schwierigkeiten des letzten Jahres kann das Jahr Ihres eigenen Zeichens nur spürbare Besserung bringen. Es wird zwar nicht ohne Probleme sein, aber Sie werden keine Mühe haben, sie zu bewältigen.

Jahr des Hundes

Ihr Schicksal ist schwankend im Jahr des Hundes. Sie werden beruflich erfolgreich sein und ein glückliches Familienleben haben. Aber Sie werden vielleicht zu oft und zu weit verreisen müssen, woraus sich für die Zukunft Schwierigkeiten ergeben könnten.

Jahr des Schweins

Im Jahr des Schweins sollten Sie sich besonders in acht nehmen, da Ihre Gesundheit in hohem Maße gefährdet ist. Seien Sie umsichtig und wachsam. Hüten Sie sich vor möglichen Unfällen, und meiden Sie gefahrenvolle Situationen.

Ihr chinesisches Geburtsjahr

Ihr Tierkreiszeichen richtet sich nach Ihrem chinesischen Geburtsjahr. Dieses ist der wichtigste Schlüssel zum chinesischen Horoskop.

In der linken Spalte der Tabelle ist Ihr Geburtsjahr nach dem westlichen Kalender verzeichnet. In der rechten Spalte derselben Zeile finden Sie Ihr chinesisches Tierkreiszeichen. Achten Sie jedoch auf den Jahresbeginn in der mittleren Spalte der Tabelle, wenn Sie in den ersten Monaten des Jahres geboren sind.

Beispiel: Sie sind 1970 geboren, vermutlich also im Jahr des Hundes; liegt Ihr Geburtstag jedoch vor dem 6. Februar, gehören Sie in das Jahr des Hahns.

1900	31. Jan. – 18. Feb. 1901	Ratte
1901	19. Feb. – 7. Feb. 1902	Büffel
1902	8. Feb. – 28. Jan. 1903	Tiger
1903	29. Jan. – 15. Feb. 1904	Hase
1904	16. Feb. – 3. Feb. 1905	Drache
1905	4. Feb. – 24. Jan. 1906	Schlange
1906	25. Jan. – 12. Feb. 1907	Pferd
1907	13. Feb. – 1. Feb. 1908	Ziege
1908	2. Feb. – 21. Jan. 1909	Affe
1909	22. Jan. – 9. Feb. 1910	Hahn
1910	10. Feb. – 29. Jan. 1911	Hund
1911	30. Jan. – 17. Feb. 1912	Schwein
1912	18. Feb. – 5. Feb. 1913	Ratte
1913	6. Feb. – 25. Jan. 1914	Büffel
1914	26. Jan. – 13. Feb. 1915	Tiger
1915	14. Feb. – 2. Feb. 1916	Hase
1916	3. Feb. – 22. Jan. 1917	Drache

1917	23. Jan. – 10. Feb. 1918	Schlange
1918	11. Feb. – 31. Jan. 1919	Pferd
1919	1. Feb. – 19. Feb. 1920	Ziege
1920	20. Feb. – 7. Feb. 1921	Affe
1921	8. Feb. – 27. Jan. 1922	Hahn
1922	28. Jan. – 15. Feb. 1923	Hund
1923	16. Feb. – 4. Feb. 1924	Schwein
1924	5. Feb. – 23. Jan. 1925	Ratte
1925	24. Jan. – 12. Feb. 1926	Büffel
1926	13. Feb. – 1. Feb. 1927	Tiger
1927	2. Feb. – 22. Jan. 1928	Hase
1928	23. Jan. – 9. Feb. 1929	Drache
1929	10. Feb. – 29. Jan. 1930	Schlange
1930	30. Jan. – 16. Feb. 1931	Pferd
1931	17. Feb. – 5. Feb. 1932	Ziege
1932	6. Feb. – 25. Jan. 1933	Affe
1933	26. Jan – 13. Feb. 1934	Hahn

1934	14. Feb. – 3. Feb. 1935	Hund
1935	4. Feb. – 23. Jan. 1936	Schwein
1936	24. Jan. – 10. Feb. 1937	Ratte
1937	11. Feb. – 30. Jan. 1938	Büffel
1938	31. Jan. – 18. Feb. 1939	Tiger
1939	19. Feb. – 7. Feb. 1940	Hase
1940	8. Feb. – 26. Jan. 1941	Drache
1941	27. Jan. – 14. Feb. 1942	Schlange
1942	15. Feb. – 4. Feb. 1943	Pferd
1943	5. Feb. – 24. Jan. 1944	Ziege
1944	24. Jan. – 12. Feb. 1945	Affe
1945	13. Feb. – 1. Feb. 1946	Hahn
1946	2. Feb. – 21. Jan. 1947	Hund
1947	22. Jan. – 9. Feb. 1948	Schwein
1948	10. Feb. – 28. Jan. 1949	Ratte
1949	29. Jan. – 16. Feb. 1950	Büffel
1950	17. Feb. – 5. Feb. 1951	Tiger
1951	6. Feb. – 26. Jan. 1952	Hase
1952	27. Jan. – 13. Feb. 1953	Drache
1953	14. Feb. – 2. Feb. 1954	Schlange
1954	3. Feb. – 23. Jan. 1955	Pferd
1955	24. Jan. – 11. Feb. 1956	Ziege
1956	12. Feb. – 30. Jan. 1957	Affe
1957	31. Jan. – 17. Feb. 1958	Hahn
1958	18. Feb. – 7. Feb. 1959	Hund
1959	8. Feb. – 27. Jan. 1960	Schwein
1960	28. Jan. – 14. Feb. 1961	Ratte
1961	15. Feb. – 4. Feb. 1962	Büffel
1962	5. Feb. – 24. Jan. 1963	Tiger
1963	25. Jan. – 12. Feb. 1964	Hase
1964	13. Feb. – 1. Feb. 1965	Drache
1965	2. Feb. – 20. Jan. 1966	Schlange
1966	21. Jan. – 8. Feb. 1967	Pferd
1967	9. Feb. – 29. Jan. 1968	Ziege
1968	30. Jan. – 16. Feb. 1969	Affe
1969	17. Feb. – 5. Feb. 1970	Hahn
1970	6. Feb. – 26. Jan. 1971	Hund

1971	27. Jan. – 14. Feb. 1972	Schwein
1972	15. Feb. – 2. Feb. 1973	Ratte
1973	3. Feb. – 22. Jan. 1974	Büffel
1974	23. Jan. – 10. Feb. 1975	Tiger
1975	11. Feb. – 30. Jan. 1976	Hase
1976	31. Jan. – 17. Feb. 1977	Drache
1977	18. Feb. – 6. Feb. 1978	Schlange
1978	7. Feb. – 27. Jan. 1979	Pferd
1979	28. Jan. – 15. Feb. 1980	Ziege
1980	16. Feb. – 4. Feb. 1981	Affe
1981	5. Feb. – 24. Jan. 1982	Hahn
1982	25. Jan. – 12. Feb. 1983	Hund
1983	13. Feb. – 1. Feb. 1984	Schwein
1984	2. Feb. – 19. Feb. 1985	Ratte
1985	20. Feb. – 8. Feb. 1986	Büffel
1986	9. Feb. – 28. Jan. 1987	Tiger
1987	29. Jan. – 16. Feb. 1988	Hase
1988	17. Feb. – 5. Feb. 1989	Drache
1989	6. Feb. – 26. Jan. 1990	Schlange
1990	27. Jan. – 14. Feb. 1991	Pferd
1991	15. Feb. – 3. Feb. 1992	Ziege
1992	4. Feb. – 22. Jan. 1993	Affe
1993	23. Jan. – 9. Feb. 1994	Hahn
1994	10. Feb. – 30. Jan. 1995	Hund
1995	31. Jan. – 18. Feb. 1996	Schwein
1996	19. Feb. – 6. Feb. 1997	Ratte
1997	7. Feb. – 27. Jan. 1998	Büffel
1998	28. Jan. – 15. Feb. 1999	Tiger
1999	16. Feb. – 4. Feb. 2000	Hase
2000	5. Feb. – 23. Jan. 2001	Drache
2001	24. Jan. – 11. Feb. 2002	Schlange
2002	12. Feb. – 31. Jan. 2003	Pferd
2003	1. Feb. – 21. Jan. 2004	Ziege
2004	22. Jan. – 8. Feb. 2005	Affe
2005	9. Feb. – 28. Jan. 2006	Hahn
2006	29. Jan. – 17. Feb. 2007	Hund
2007	18. Feb. – 6. Feb. 2008	Schwein